Biksemad – Boller i selleri – Brunkål – Flæskesteg – Frikadeller – Hakkebøf – Julesylte – Leverpostej – Skipperlabskovs – Sønderjysk grønlangkål – Sprængt oksebryst med spidskål – Stegt flæsk – Æbleflæsk – Andesteg – Grydestegt kylling – Brune kartofler – Rødkål – Asier – Fiskefrikadeller – Klipfisk eller torsk med sennepssovs – Indlagte sild – Stegte rødspætter – Sildesalat med rødbeder – Kærnemælkskoldskål – Hønsekødsuppe med boller – Øllebrød – Citronfromage – Ris à l'amande – Dansk æblekage – Kongelig dessert – Rødgrød med fløde – Snobrød – Æbleskiver – Brune Kager – Finsk brød – Kringle – Klejner – Lagkage – Vanillekranse – Pebernødder – Gråstens æblekage – Honningkage

Torkild Hinrichsen

Dänische Spezialitäten

Danske Specialiteter

Rezepte des Deutsch-Dänischen Vereins in Hamburg

Fotografiert von Günter Pump

Husum

Einleitung

Gibt es eine typisch „dänische“ Küche, Koch- und Essenskultur? In den Nachbarländern Schweden und Deutschland ist Dänemark bekannt für gutes Essen in gemütlicher („hyggelig“) Atmosphäre. Dänisches Essen lernt der Ausländer auf Ferienreisen oder durch die importierten, oft herausragenden Produkte dänischer Landwirtschaft und Fischerei schätzen. Wer kennt nicht das bei jeder Tasse deutschen Kaffees fast unvermeidliche eingedoste Kleingebäck (Småkager), das dänische Bier, den Akvavit, die eingelegten Heringe, Bacon und Käse. Nach den Ferien in Dänemark erinnern wir uns gern an die Hotdog-Orgien am „Pølsevogn“(erst seit 1920!) mit Remoulade und gerösteten Zwiebeln! Im dänischen Supermarkt greift der Fremde kaum zu ihm unbekannten „dänischen“ Waren, eher zu den Produkten, die er kennt oder deren Struktur er identifizieren kann, was allerdings immer leichter fällt, da die großen deutschen Lebensmittelketten mittlerweile vielerorts in Dänemark Niederlassungen haben, deren Auswahl das vereinte Europa mit seiner zunehmenden Gleichmacherei auch des Lebensmittelangebotes widerspiegelt. Aber darüber hinaus sind wir von dänischer Kochkunst und Zubereitungsweisen weitgehend isoliert, zumal es bei uns kaum dänische Restaurants gibt. So ist auch das legendäre Smørrebrød und das üppige dänische Buffet, das die Urlaubskasse der Familie im dänischen Restaurant nicht hergab, schwer selbst zu bereiten. Bei Backwerk steht es nicht viel besser. Vom dänischen Bäcker kennen die meisten nur Wienerbrød (das bei uns lustigerweise Kopenhagener heißt) und die geschmacklich ähnlichen Krans oder Stang aus Blätterteig.

Dann ist da natürlich noch Rødgrød med fløde, die rote Grütze mit Sahne, die es bei uns in schrecklicher Industrievariante, fertig aus dem Kunststoffschlauch, im Supermarkt gibt, die aber hauptsächlich als Beweis herhalten muss, dass Dänisch für normale Zungen unmöglich auszusprechen ist (was nicht stimmt, wenn man beherzigt, dass das dänische weiche End-D sich aus dem Altnordischen herleitet wie das englische „th“ und sich genauso spricht [Zunge vorn!])

Dabei verfügt Dänemark durchaus über eine charakteristische, für den bürgerlichen Tisch im 19. Jahrhundert verfeinerte und ins System gesetzte Küche, unverwechselbar in Zubereitungsweise und optischem Daherkommen. Typische Gerichte für den Werktag, kirchliche Festtage oder familiäre Ereignisse. Allerdings geht wie bei uns die Möglichkeit selbst zu kochen rapide zurück. Oft fehlt die Zeit, Nahrung grundlegend zu bereiten. In Kleinfamilie und Einpersonenhaushalt gibt es keine Großmutter, die der Küche vorsteht, und erst recht kein Dienstmädchen. Die traditionellen Gerichte drohen zu verschwinden. Restaurants bieten klassische dänische Gerichte nicht mehr an. Auch Pausenbrot und Schulspeisung haben sich im Rahmen der „political correctness“ gewandelt. Die internationale Küche überflügelt das örtlich Typische und das nationale Charakteristikum. Das gilt auch für den privaten Bereich, wo bei immer selteneren Gelegenheiten des Selber-Machens nur möglichst raffinierte, fremdländische Rezepte verwirklicht werden. Wer kümmert sich da noch etwa um Øllebrød, die Bier-Schwarzbrotsuppe, vom Mittelalter bis in die Neuzeit eine Kraftnahrung, die auch in der dänischen Flotte noch im 19. Jahrhundert wichtigste Mahlzeit war.

Der vorliegende Band über die charakteristischen dänischen Gerichte und Bereitungsweisen soll die untergehende Tradition wach halten, Neugier wecken und zum Nachkochen inspirieren. Der Deutsch-Dänische Verein in Hamburg hat unter den Mitgliedern Rezepte erfragt, und bereitwillig sind Familiengeheimnisse der jeweiligen Mütter und Großmütter, die als Tradition gepflegt oder noch als papierne Spur aufgeschrieben waren, hier gesammelt, ergänzt um kulinarische Erlebnisse auf den Reisen des Vereins unter der engagierten langjährigen Organisation von Marietta Killinger. In den appetitanregenden Fotografien von Günter Pump kann man mit dem Auge speisen und bekommt bestimmt Lust, das in Bild und Wort Erläuterte als selbst gemachtes Vergnügen auch Gaumen und Magen zu gönnen. Familie und Gäste werden begeistert sein, Dänemark so mit allen Sinnen zu erfahren.

In Dänemark kennt man heute wie bei uns drei Hauptmahlzeiten, morgens, mittags und abends, Morgenmad, Middagsmad und Aftensmad, wobei die meisten Dänen die warme Mahlzeit abends einnehmen, nach Möglichkeit im Kreise der Familie. Das Morgenmahl besteht fast überwiegend (70 %) aus Brot, Butter, Margarine, Konfitüre und Käse, seltener aus anderen Meiereiprodukten und Getreide, wie Müsli oder Cornflakes. Das Frokost („Frühstück“) mittags enthält das mitgebrachte Brot mit Aufschnitt oder wird in der Kantine eingenommen. Zu festlichen Anlässen ist Frokost ein kulinarisches Ereignis, etwa zu Weihnachten Julefrokost in Familie oder Firma (als Weihnachtsfeier) oder zu Ostern. Dabei handelt es sich jedoch um ein überbordendes kaltes Buffet mit Hering, Aufschnitt, kleinen warmen Gerichten, Salaten und Nachtisch, dazu Bier und Schnaps: Det store kolde bord. Eine Variante ist das etwas bescheidenere „Damefrokost“ (Damenfrühstück) am Vormittag mit hoch belegtem und garniertem Smørrebrød, Kaffee und Schnaps (z.B. „Gammel Dansk“). Das Abendessen, oft „middagsmad“ genannt, ist die von ehemals mittags auf den Abend verlagerte warme Hauptmahlzeit der Familie, eine Sitte, die allerdings am Abflauen ist, da jedes Familienmitglied, besonders die größeren Kinder, in modernen Familien Anspruch auf individuelle Bedürfnisse und Vorlieben hat, was letzten Endes auf Selbstbedienung am Kühlschrank hinausläuft. Am häufigsten gibt es ein Fleischgericht, die Dänen haben weltweit mit 100 kg den höchsten jährlichen Pro-Kopf-Verbrauch, dazu Kartoffeln, seltener Nudeln oder Reis.

Seit 1900 hatte der eiserne Herd in der bürgerlichen Küche die offene Herdstelle abgelöst, wo zuvor nur ein Topf zum Einsatz kam, der für Grütze und Zusammengekochtes genügte. Nun standen mehrere Feuerstellen gleichzeitig zur Verfügung, sodass die Bestandteile getrennt materialgerecht zubereitet werden konnten, Fleisch, Gemüse, Kartoffeln, Soße. Die Backröhre ermöglichte in bescheidenem Umfang die Zubereitung von Kuchen und kleineren Broten. Folglich stammen viele der dänischen Traditionsgerichte aus der Zeit zwischen 1880 und 1910.

Eine Vereinheitlichung der mündlich überlieferten Kochtraditonen, der Erfahrungen des Konservierens und Einmachens systematisierten die im 19. Jahrhundert häufiger geschriebenen und benutzten Kochbücher, deren Einfluss auf die jeweilige Generation geradezu enorm gewesen ist. Das aufstrebende mittlere Bürgertum, die Handwerker- und Beamtenfamilien brauchten verlässliche Gebrauchsanweisungen, weil man ohne Personal, ohne Köchin und deren Kenntnisse einem Haushalt oder dessen Küche nicht vorstehen konnte. Falls man sich „ein junges Mädchen im Hause" erlauben konnte, brauchte dieses fachliche Anleitung. Also blieb der Hausfrau nichts anderes übrig, als sich kundig zu machen und die gelesene Theorie auch praktisch zu erproben. Die geradezu biblische Wirkung dieser Bücher beschränkte sich nicht auf die jeweilige Generation ihres Erscheinens. Sie wurden in der Familie auf die Tochter vererbt, was den gleichbleibenden Stil der häufigsten Gerichte erklärt. Die Notwendigkeit solcher praktischer Hilfe erkannte zunächst Madam Mangor, eine unversorgte Witwe mit drei Töchtern, deren „Kogebog for mindre Husholdninger" weiten Kreisen der Bevölkerung aus dem Herzen sprach, weil es sparsames Haushalten vorführte und Reste zu neuen Gerichten verarbeitete. Anne Marie Mangor (1781–1865) baute auf eigene praktische Erfahrungen, alles war selbst erprobt und mit exakten Mengen- und Zeitangaben versehen. 1837 erschienen, folgten bis 1910 über 35 Auflagen mit zusammen 220 000 Exemplaren, für Dänemark eine unglaubliche Zahl. Die erste Auflage hatte sie noch privat in 500 Exemplaren drucken müssen, weil niemand das Buch verlegen wollte. Dann kam neben vielen anderen 1901 „Frøken Jensens Kogebog" , eine Haushaltslehrerin, deren Rezepte bis in unsere Tage wirken. Die vornehme Note der gehobenen Küche deckte 1888 „Frau Nimb", die Prinzipalin des gleichnamigen Restaurants in Kopenhagen. Aber wer Geld hatte, so zu kochen, hatte ohnehin eine Köchin. Die Hausfrau konnte jedoch mit dieser kulinarischen Bibel wenigstens so tun, als verstünde wie was davon, und den Wochenspeiseplan aufstellen. Andere Innovationsschübe heute unvorstellbaren Ausmaßes boten kleine mechanische Hilfen, Küchengeräte „fürs Leben", die jahrzehntelang durchhielten, so z. B. der eiserne Fleischwolf, der die Bereitung von gehacktem Fleisch ermöglichte und damit viele klassische dänische Gerichte.

Waren bis etwa 1880 Getreideprodukte Hauptnahrung, änderte sich das Nahrungsmuster weiter Kreise der Bevölkerung durch die verbesserten Transportmöglichkeiten der Industrialisierung. Massenfrachten mittels Eisenbahn und Dampfschiff ließen die dänische Getreideproduktion zugunsten der amerikanischen und russischen stagnieren, die Landwirtschaft stellte sich um auf Butter und Schweinefleisch, die sich massenhaft exportieren ließen. Das zeigte sich bereits im Ersten Weltkrieg. Das neutrale Dänemark exportierte an alle kämpfenden Parteien Pferde und Fleisch. Dänische „Gulaschbarone" sammelten große Vermögen durch Verkauf von zweifelhaftem Dosengulasch an das deutsche Heer. Es verknappten sich die Lebensmittel in Dänemark, was eine Rationierung zur Folge hatte, die erst 1921 aufgehoben wurde.

Nach der Besetzung Dänemarks 1940 und der von Deutschland propagierten friedlichen Koexistenz wurde das

Land als Lebensmittellieferant im Kriege immer wichtiger, bei nur 4 Mio. Einwohnern eines der weltweit fortschrittlichsten landwirtschaftlichen Erzeugersysteme. Dänemark deckte schließlich 1943–44 rund 14% des Fleischverbrauchs der deutschen Städte und 20 % der Wehrmacht. Enorme Gewinne wurden erzielt, zumal der Export Dänemarks nach England gestoppt war. Die Regierung förderte diesen Handel, der sich später als mit dänischen Devisen finanziert entpuppte und nach dem Krieg mit rückwirkender Kraft als strafbare illegale Vorteilsnahme deklariert wurde („værnemageri"). Gegen Ende des Krieges, als der dänische Widerstand sich wirksam formiert hatte, kam es schließlich zur erneuten Rationierung, die noch bis 1952 anhielt.

Mit Erstarkung der Ökonomie und Kaufkraft in den späten 1950er-Jahren erlaubten innovative Anschaffungen wie ein elektrischer Kühlschrank ganz neue Möglichkeiten der Bevorratung und der Bereitung. Die alten obligatorischen Konservierungsmethoden wichen der Frischkost und der Gefrierkost, schließlich 25 Jahre später den Fertiggerichten. Liebgewonnene Geschmacksnoten des Gesalzenen, Geräucherten oder süß Eingemachten bestimmten jedoch weiter die dänischen Traditionsgerichte, die erst in unseren Tagen zunehmend in Vergessenheit zu geraten drohen.

Die grundlegendste Änderung in der neueren dänischen Esskultur wurde jedoch seit den 1960er-Jahren durch die Berufstätigkeit der Frauen ausgelöst, die nun immer weniger Zeit für den Haushalt hatten. Die klassische, sparsame, Reste verwertende Küche mit viel Gemüse, Fisch und wenig Fleisch war sehr zeitintensiv und änderte sich nun zugunsten höheren Fleischkonsums, allein in den 1970er-Jahren mit einer Zunahme um 40 % bei fallenden Preisen. Dann folgte die Überflutung mit Billigprodukten im landesdeckenden Netz von Discountern wie Netto (seit 1981) und Aldi (seit 1977). Die fehlende Haushaltszeit wurde durch zusätzliche maschinelle Hilfen und gesteigertes Tempo kompensiert. 1977 wird in Dänemark erstmals von „fast food" gesprochen, das erste McDonald's etablierte sich 1981. Den nächsten Änderungsschub brachte die Schlankheits- und Gesundheitswelle ab ca. 1990.

Gesteuert werden solche Änderungen der Traditionen auch durch große Produktkampagnen der Lebensmittelerzeuger. Wurde zuvor durch die ersten Fernsehköche die dänische Butter als Qualitätsprodukt popularisiert, folgte die Kuh Karoline und ihre Anweisungen von „Karolines Køkken" mit der Verwendung von Milchprodukten, ähnlich wie heute Arla mit ihrer bekannten alternativen Mixtur. Neuere Milchprodukte wie fettarme Milch (letmælk) und Joghurt vertrieben Dickmilch, Sahne und Vollmilch und hielten Einzug in die Supermärkte, als das Milchmonopol der örtlichen Meiereien 1971 abgeschafft wurde.

Sollte heute die berufstätige Hausfrau und Mutter am Wochenende noch Energie zum Kochen haben, kann sie sich an den seit Jahrzehnten bewährten Familienzeitschriften orientieren, die ausführliche, schön bebilderte Rezeptteile haben für spannende „neue" Gerichte. Solches von Grund auf selbst Gekochte heißt im Unterschied zu „fast food" neuerdings „slow food". Hoffen wir, dass Gatte und Kinder in freudiger Zustimmung die Mühen wertschätzen und ihre Sehnsucht nach Großmutters Frikadellen oder McDonald's Burgern unterdrücken.

Kardemomme.
Peber.
Nelliker.

Rezepte
Opskrifter

Ein typisches Resteessen aus der Vorzeit des Kühlschrankes. In Schweden bekannt als Pyttipanna, dort jedoch mit kleineren und regelmäßigen Würfeln von Kartoffeln und Fleisch. In „vornehmen" Kochanweisungen wie „Fru Nimbs Kogebog" (1888) sucht man derlei Gerichte vergebens. Das Phänomen Reste kennt sie nicht. Und hier dreht es sich um das Übriggebliebene vom Sonntagsbraten, eine Art Montagsgericht. Weitere Möglichkeiten der Verwertung siehe Flæskesteg (Schweinebraten), S. 18.

Zusammengemengtes
Biksemad

750 g gekochte Kartoffeln, 3 Zwiebeln, 400 g Fleisch, Reste (gekocht oder gebraten) von Schwein, Rind oder Lamm, 50 g Butter oder Margarine, evtl. Soßenrest

Zwiebel, Fleisch und Kartoffeln (sie müssen, wie für Bratkartoffeln, unbedingt in der Pelle erkaltet sein, am besten vom Vortag) würfeln.
Im Bratentopf oder der eisernen bzw. beschichteten Pfanne in jeweils $^1/_4$ des Fettes Bestandteile einzeln goldbraun braten und herausnehmen. Im restlichen Fett alles zusammen braten, mit Salz und Pfeffer abschmecken, evtl. eine Prise Zucker zugeben. In diese trockene Variante des Gerichtes kann zuletzt ein Rest von Bratensoße eingemengt und erhitzt werden.

Beilage: je Person ein Spiegelei, eingemachte Rote Bete oder süßsaure Gurke („Asier")

Frøken Jensen verwendet in ihrem Kochbuch von 1901 „fettes Ochsenfleisch" und etwas durchwachsenen Speck.

Rezept von Jenny Sørensen, Nordjütland (um 1955), die jedoch stets Schweinebratenreste benutzte und die Soßenvariante bevorzugte, nie ein Spiegelei dazugab, aber statt Roter Bete meist selbst eingemachte Gurken.

Boller i selleri (Fleischklöße in Sellerie) und Selleribøf (Selleriebeef) zwei Herbst-, eher Wintergerichte der alten dänischen Küche. Die Sellerieknolle ist eine der wenigen lagerfähigen, den Winter überdauernden Gemüse. Die kleine Menge an Schweine- und Rindfleisch für die Klöße wurde von einem größeren Fleischgericht beiseite gestellt und durch den Fleischwolf gedreht. Die Klöße sind Einlage für die Suppe (siehe Hühnersuppe) oder wie hier Bestandteil eines Gemüsetopfes. Dies Sparessen wurde noch übertroffen von dem völlig fleischlosen Selleribøf, den pur gebratenen Selleriescheiben.

Fleischklöße in Sellerie und Selleriebeef
Boller i selleri og selleribøf

Sellerieknollen (ca. 1 kg), 50 g Margarine, 50 g Weizenmehl, $^1/_2$ l klare Gemüsebrühe. *Klöße:* 250 g gemischtes Hackfleisch (Schwein und Rind), 3 geh. EL Mehl, 1 fein geriebene Zwiebel, 1 Eiweiß, Salz, Pfeffer, 1,5 dl Gemüsebrühe

Sellerieknolle schälen, hälfteln, in Scheiben schneiden und diese wiederum in 1 cm breite Streifen, woraus leicht Würfel werden. In Suppe, zusätzlichem Wasser und etwas Zitronensaft ca. 15 Min. kochen, bis sie weich sind, aber noch Biss haben (Probe nehmen). Durch ein Sieb gießen.
Fleischklöße: Hack und Mehl, Zwiebeln, Gewürz und Eiweiß in einer Schüssel gründlich mischen und mit der Suppe verrühren (3–4 Min. mit elektr. Knethaken). In breitem flachem Topf 1 l Wasser mit $1^1/_2$ TL Salz zum Kochen bringen, vom Feuer nehmen und die mit einem nassen Teelöffel geformten Klöße einzeln ins Wasser geben, bis die Oberfläche bedeckt ist, dann erneut zum Kochen bringen und bei niedriger Temperatur 5 Min. sieden, mit dem Lochlöffel herausnehmen und in einem Sieb beiseite stellen. Wichtig! Nur eine Schicht Klöße in den Siedetopf geben, nicht zu lange kochen lassen, da sie sonst wieder auseinanderfallen.
Legierung: Margarine und Mehl im Topf anschwitzen, Kochwasser langsam hinzufügen, dann mit einem Rührbesen stetig glätten, Hitzezufuhr drosseln, Salz, Pfeffer und 1 gestr. EL Zucker dazugeben, kurz aufkochen lassen.
Selleriestücke und Fleischklöße schonend einrühren.
Halbe Scheiben von grobem Schwarzbrot als Beilage.

Selleribøf: Sellerie, 1 Ei, 50 g Margarine, Semmelmehl
1. Variante: Sellerie schälen und ganz in Salzwasser ca. 40 Min. kochen, in Scheiben schneiden, panieren und braten.
2. Variante: Sellerie schälen, in Scheiben schneiden, in gequirltem Ei und Semmelmehl panieren und in der gebräunten Margarine ausbraten, was bei den rohen Scheiben länger dauert, aber einen würzigeren Gemüsegeschmack ergibt. *Beilage:* Zerlassene Butter und Schwarzbrot.

Rezept von Gunver Hinrichsen, Altona nach Art ihrer dänischen Großmütter aus Jütland

Es handelt sich hier nicht um „Braunkohl" (die direkte Übersetzung, die ja Grünkohl als Ausgangspunkt hat), sondern um karamellisierten Weißkohl, der zusammen mit Schweinefleischwürfeln dieses alte dänische Wintergericht ausmacht, das heutigen Hausfrauen zu aufwendig ist, obwohl es einfach zuzubereiten, preiswert und von vorzüglichem Geschmack ist. Das Eintopfgericht lässt sich gut wieder aufwärmen.

Weißkohl-Topf mit Schweinefleisch
Brunkål med svinekød

1 Weißkohlkopf (2 kg), 500 g durchwachsenen (nicht geräucherten) Speck oder Bauchfleischscheiben, 1 EL Margarine, 2 geh. EL Zucker, evtl. Zuckercouleur, Salz, Pfeffer

Den Kohlkopf vierteln, in Scheiben von 1 cm Breite schneiden und diese wiederum quer zu Rechtecken. Den Speck nach Entfernung der Schwarte würfeln.
Im Bratentopf das Fett bräunen, die Speckwürfel hineingeben und kross braten, mit dem Lochlöffel herausnehmen; nun Zucker dazugeben, bis er leicht karamellisiert (hellbraun), und dann sofort den Kohl in Portionen hineingeben, die mehrmals gewendet werden, sowie etwas Wasser oder Gemüsebrühe, damit das Ganze nicht anbrennt. Zwischendurch mit Salz und weiterem Zucker abschmecken, bis alles eine salzig-süße Note hat. Der Kohl sondert nun selbst Flüssigkeit ab. Unter Deckel ca. 1 Std. bei schwacher Hitze köcheln lassen. Sollte die Flüssigkeit nicht ein schönes mittleres Braun erreicht haben, evtl. mit Zuckercouleur nachfärben.

Dazu grobes Schwarzbrot in Scheiben und Senf servieren.

Rezept überliefert von Madam Sørensen, Daugaard, Jütland um 1890, die ihre zahlreiche Kinderschar damit preiswert satt bekam. Seitdem in ungebrochener Tradition in der Familie nach Hamburg gelangt.

CERES

Schweinebraten
Flæskesteg

$1^{1}/_{2}$ kg Braten aus Rücken oder Kamm. Vom Schlachter die Schwarte in parallelen Streifen zu 5 mm einschneiden lassen. Grobes Salz, etwas Senfpulver, Lorbeerblätter, schwarze Pfefferkörner, 5 Nelken, evtl. 3 Wacholderbeeren, 1 Zwiebel, 100 g Margarine

Fleisch in grobem Salz und Senfpulver einreiben, besonders die Schwartenschnitte. Das Fett im Eisentopf oder Bräter (oder in tiefer Pfanne im Herd) bräunen und den Braten hineinlegen, auf beiden Seiten leicht bräunen lassen. Die Schwartenseite unten lassen und mit Wasser bis zur Hälfte der Dicke auffüllen. Gewürze dazugeben, $1^{1}/_{2}$ Std. schmoren, zuletzt herausnehmen, Sud abgießen und sich setzen lassen, Fett abschöpfen und darin die Schwartenseite bräunen.
Bei Zubereitung im Herd ca. 2 Std. bei 200 °C, Schwarte oben lassen.

Soße: 100 g Margarine, 3 EL Mehl, Zucker, Salz, Bratenfond

Margarine (oder das abgeschöpfte Bratenfett) mit Mehl verrühren, bis eine zähe Paste entsteht. Den Bratenfond dazugeben, unter Rühren aufkochen lassen, evtl. mit weiterem Wasser verdünnen, mit Salz und Zucker abschmecken, mit Zuckercouleur dunkelbraun färben.

Beilagen: Rotkohl, Gelee aus roten Johannisbeeren, Asier
Getränk: Rotwein

Dessert: Zum festlichen Weihnachtsgericht: Ris à l'amande, Kongelig Dessert oder Citronfromage.

Rezept überliefert von Jenny Sørensen, Gattin eines Eisenbahnbeamten, Frederikshavn, Jütland, um 1925 und in der Familie bis heute weitergereicht nach Hamburg.

Der Schweinebraten ist in Dänemark nach wie vor nicht nur Sonntagsgericht (wenngleich heute eher mit Gemüse), sondern traditionelles Festmahl am Weihnachtsabend. Dann besteht das „Zubehör", ähnlich wie bei Gans oder Ente, aus Brune kartofler (karamellisiert), Franske kartofler (Chips), Salzkartoffeln, Rotkohl, braune Soße, sowie Sødt og Surt, wobei das „Süße" Johannisbeergelee, das „Saure" selbst eingelegte süß-saure Salzgurken, Asier, sind. Die krosse Schwarte ist ein Geheimnis für sich. Schlachter und Supermärkte haben gebackene Schwartenstreifen, „Knasere", als Snack vorrätig, die sich gut beilegen lassen. In der bäuerlichen Gesellschaft war frischer Schweinebraten oft das einzige frisch bereitete Schweinefleisch im ganzen Jahr.

Die aus einer Fleischfarce gefertigte Frikadelle gehört zu den häufigsten dänischen Gerichten, ja hat geradezu im Wochen-Speiseplan Kultcharakter. Die selbst gemachten behaupten sich immer weniger gegen fertig gebratene, tiefgefrorene. Der Name leitet sich ab von einer Verdeutschung des italienischen frittatella („geröstetes Fleisch"). Dies einfache, preiswerte Gericht, das Hackfleisch in unglaublich viele Portionen verwandelt, lässt sich warm mit verschiedensten Beilagen oder Gemüsen servieren, oder kalt aufgescheibelt auf Schwarzbrot auch als beliebter Belag im Frühstückspaket verwenden. Die Fleischfarce für Frikadellen lässt sich auch mit Wasser oder Gemüsebrühe flüssiger machen, um als „Fleischrand" in runder Blechform im Wasserbad gegart zu werden. (Frikadellen aus Fischfarce siehe: Fiskefrikadeller, S. 46).

Frikadellen
Frikadeller

500 g Hack, gemischt aus Rind und Schwein, 75 g Mehl, 2 dl Milch oder Bouillon, 200 g sehr fein gehackte oder geblendete Zwiebel, 2 TL Salz, Pfeffer, 1 Ei, 100 g Margarine zum Braten.
Das Mehl lässt sich ersetzen mit Haferflocken, Semmelmehl, gekochten gemusten Kartoffeln oder Mischungen hieraus.

Farce verrühren, am besten mit Knethaken, 30 Min. kalt stellen. In dickbodiger oder beschichteter großer Pfanne 100 g Margarine leicht bräunen. Frikadellen mit nassem Suppenlöffel einzeln in die Pfanne geben, nach 1 Min. flachdrücken. Bei kleiner Hitze braten, sonst sind sie nicht durch; einmal wenden.

Als Hauptgericht mit Erbsen und Möhren oder Rotkohl, gestovtem Weißkohl, Porree servieren. Dazu Salzkartoffeln und Saures.

Als Frokost (aufgewärmt) mit Schwarzbrot, kaltem Rotkohl, Gurkensalat, frischem Salat oder Kartoffelsalat.

Als Brotaufschnitt mit Gurkensalat, Erdbeer- oder Johannisbeerkonfitüre.

Das Rezept könnte von fast jeder dänischen Familie stammen, die selbst kocht. Es ist überliefert seit ca. 1880, als der Fleischwolf in die kleineren Haushalte einzog.

In der Art eines Rinder-Hacksteaks ist Hakkebøf als „Dansk Bøf" geradezu ein Nationalgericht, edler als die Massenware Frikadelle oder der flach geklopfte Kern des Burgers. Traditionell werden große Mengen „bløde løg", weich gebratener Zwiebeln, dazu gereicht und eine aus dem Fond gemachte dicke braune Soße. Um den „edlen" Charakter zu unterstreichen mitunter Kapern, früher meist nicht die echten, sondern eingelegte unreife Holunderbeeren.

Rinder-Hacksteak
Hakkebøf (Dansk bøf)

$^1/_2$ kg Rinderhack, 4 EL Mehl, 3 Zwiebeln, 50 g Margarine oder Butter, Salz, Pfeffer.

Aus dem Hack 4 Kugeln formen, die flach gedrückt und beidseitig mit dem Messer an der Oberfläche gehackt werden. Dann mit Salz und Pfeffer beidseitig würzen, in der Hälfte des Mehls wälzen. Zwiebeln scheibeln und in 20 g vom Fett in der Pfanne goldbraun braten. Falls sie zu kross werden, etwas Wasser zugießen und weich kochen. Zwiebeln abfischen, Flüssigkeit abgießen, Pfanne heiß werden lassen und restliches Fett bräunen. Darin die Hacksteaks etwa 4 Minuten auf jeder Seite bei wenig Hitze braten. Sie werden dann außen kross und in der Mitte rosa.

Soße: im Topf 10 g Margarine schmelzen, Rest Mehl darin anschwitzen, mit Sud aus der Pfanne ablöschen, mit Flüssigkeit von den Zwiebeln verdünnen. Mit Salz und 1 gestr. EL Zucker abschmecken.

Dazu gibt es Salzkartoffeln.

Diesen unverzichtbaren Höhepunkt des Julefrokost, des Buffets am Vormittag des 24. Dezember oder zum Firmenfest, stellt kaum noch jemand selbst her. Die Hürde ist die Hauptzutat, ein halber Schweinekopf, den jedoch, wenn auch mit Murren, fast jeder Schlachter beschaffen kann. Sie brauchen ihn unbedingt zur Geleebildung, denn diese Sülze wird nicht von zugefügter Gelatine aus der Tüte zusammengehalten. Das gewürzte Kochwasser ist Grundlage für wunderbare Suppen oder Eintöpfe. Gefroren hält sie sich auch, bis Sie Appetit kriegen. Im alten kühlschrankfreien Haushalt war die unter abdeckender Fettschicht gesicherte, kalt gestellte oder in Salzlake konservierte Sülze durch die ganze Weihnachtszeit bis Heilige Drei Könige frisch.

Weihnachts-Schweinesülze
Julesylte

$^1/_2$ Schweinekopf (ca. 2 kg), Schweinenacken (mit intakter Schwarte), mager 2 kg, 3 Nelken, 1 TL Koriander, 5 Wacholderbeeren, 10 Körner schwarzer Pfeffer, 2 gestr. EL Salz, 3 Lorbeerblätter, 3 Zwiebeln (gehackt)

Den bereits vom Schlachter gesäuberten Kopf unter fließendem Wasser mit der Wurzelbürste schrubben, dann mit kochendem Wasser brühen. Zusammen mit dem Schweinenacken und den Gewürzen in reichlich Wasser gar kochen. Fleisch herausnehmen, wenn es sich vom Knochen löst (nach ca. $1^1/_2$ Std.). In eine rundbodige Schüssel, die groß genug ist, das gesamte Fleisch aufzunehmen, nun ein Leinentuch (Trockenhandtuch, gebrüht und ausgewrungen) ausbreiten. Von Kopf und Nacken mit dem Messer die Schwarte lösen und damit die Schüssel innen auskleiden. Fleisch vom Knochen lösen, klein schneiden und auseinanderpflücken, mit Salz und Pfeffer bestreuen. Fleisch mit $^1/_2$ l der Suppe erwärmen aber nicht aufkochen. Dann alles in die Schüssel gießen. Das Tuch stramm darüberziehen, mit Teller bedecken, der unbedingt in die Schüssel hineinpassen muss, mit einem Stein oder Eisengewicht beschweren. Die Sülze wird nun leicht zusammengepresst. Kalt stellen. Am nächsten Tag die Schüssel auf runder Porzellanplatte umstülpen, das Tuch entfernen. Die Sülze hat die innere Form der Schüssel angenommen und lässt sich in 1 cm dicke Scheiben schneiden.

Konservieren: Die Sülze hält sich im Kühlschrank mindestens 1 Woche, länger bei Anwendung der alten Konservierungsmethode: 2 l kochendes Wasser, 2 Handvoll Salz, Lorbeerblätter, Pfeffer, Essig. Kalt(!) werden lassen. Hierin hält sich die Sülze kalt gestellt mehrere Wochen.

Rezept von Ida Clemmensen, um 1900 in Jütland, die es um 1925 an ihre Tochter weitergab, die wiederum an die eigene Tochter um 1940, diese an den Sohn, um 1970 in Altona.

Nicht als Wurst oder im Glas wie bei uns, sondern gebacken in Alu-Förmchen gibt es diese Pastete in verschiedenen Qualitätsstufen zu kaufen. Am preiswertesten ist die „Skole-Leverpostej“, mild gewürzt für das Pausenbrot in Schule und Kindergarten. Noch immer ist sie beim Julefrokost bewunderte Spezialität der stolzen, einladenden Hausfrau. Die gekauften Billigprodukte bergen überproportionale Anteile an Zentrifugenfleisch, Mehl, Füllstoffen und Geschmacksverstärkern.

Selbst gemachte gebackene Leberpastete
Hjemmelavet leverpostej

500 g Schweineleber, 300 g Speck, 2 Zwiebeln (gehackt), 3 EL Mehl, 4 Eiweiß, $^1/_2$ l Milch oder Sahne, 1 TL Koriander, 1 gestr. TL Nelkenpulver, 2 gestr. TL Salz, Messerspitze weißer Pfeffer.
Magere Variante: entrahmte Milch, Speck durch gekochte Kartoffeln ersetzen

Fleisch und Zwiebeln zweimal durch den Fleischwolf drehen (heute besser mit Messer der Küchenmaschine). Alle Zutaten in einer großen Schüssel verrühren. In Alu-Förmchen oder feuerfeste keramische oder gläserne Formen füllen, vorher mit Margarine ausreiben. Im Ofen bei 170 °C 60 Minuten backen. Einige Scheiben Bacon auf die Oberfläche der Masse geben – das gibt eine besondere Geschmacksnote und ist eine schöne Dekoration.
Die Pastete lässt sich einfrieren und nach Auftauen im Ofen leicht erhitzen.

Dazu Schwarz- oder Weißbrot, Butter, eingelegte Rote Bete und Gurkensalat oder „Asier“. Manche mögen Zwiebeln, gehackt oder in feinen Ringen.

Rezept aus dänischer Tradition seit etwa 1880 in verschiedensten familiären Varianten, das vorliegende von Frau Edith Clemmensen aus Jütland um 1960.

Dies in Dänemark als norddeutsches Gericht bezeichnete Essen war durchaus in den Herzogtümern heimisch, allerdings in weniger üppiger Form als der heutigen, offenbar verbreitet in den Küstengebieten des Ostseeraumes und den Hafenstädten. Die Herkunft von der Seefahrt ist deutlich, enthält es doch wenig Frisches, sondern das für Bordproviant Konservierte. Der Name ist offenbar als plattdeutsche Überformung von dem englischen lobs couse. Ein „lob" ist ein rauer Kerl, ein wehrhafter Brocken mit harter Schale, aber auch der Hummer, der lobster heißt und bekanntlich beim Kochen rot wird wie die Labskausmasse. Die andere Namenshälfte heißt schlichtweg „cow", die Kuh, wie das gepökelte Rindfleisch, wichtiger Bestandteil des Gerichtes. Dafür spricht auch die alte dänische Form „lobescowes". Ein authentisches Rezept lieferte durch seine Tochter der alte Kapitän Richard Schlüter aus Glücksburg, der als 14-Jähriger 1894 zur See ging und nach der Pensionierung seine Freunde alljährlich mit Labskovs bekochte. Sein spartanisches Rezept verzichtet auf Hering, den es, wie er sich erinnerte, nur auf Danziger Schiffen dazu gab.

Schiffer-Labskaus
Skipperlabskovs

500 g Rindfleisch, 3 Zwiebeln (gehackt), 10 mittelgroße Kartoffeln, $^1/_2$ l Rinds- oder Gemüsebouillon, 50 g Butter, 2 Lorbeerblätter, 10 ganze schwarze Pfefferkörner, Salz

Im dickbodigen oder beschichteten Topf Butter bräunen, gewürfeltes Fleisch, geschälte, in Scheiben geschnittene Kartoffeln, und Zwiebeln schichtweise hineingeben und unter gelegentlichem Umrühren anbraten, die kochende Bouillon hinzugießen und alles unter Deckel bei schwacher Hitze mindestens 1 Std. kochen (probieren, ob das Fleisch mürbe ist). Mit Salz, Pfeffer und einer Prise Zucker abschmecken.

Eine moderne dänische Variante verwendet außerdem Sellerie, 1 Pastinake, 1 Karotte, 1 kleine Porreestange bei gleicher Zubereitung.
Die gediegene norddeutsche Variante geht meist von fertigem Corned Beef aus, färbt mit Rote Bete Saft, arbeitet selten den Salzhering in die Masse, sondern serviert Hering, Rote Beete und Gewürzgurke als Beilage.

Das Rezept von Kapitän Richard Schlüter:
„5 Pfund Salzfleisch (ausgewässert)/ 4 Pfund Kartoffeln/ 1 Pfund Zwiebeln/ Kartoffeln kochen und musen/ Salzfleisch u. Zwiebeln durch den Wolf drehen. Mit den Kartoffeln zusammen $^1/_2$ Std. kochen/ Mit Pfeffer gut würzen."
Dazu Gewürzgurke und Rote Bete.

Berichtet von seiner Enkelin Elke Pirk.

Wie in Norddeutschland ein ausgeprägtes Wintergericht, in manchen Gegenden Dänemarks auch zu Weihnachten bereitet. Grünkohl ist eines der wenigen Gemüse, die noch im Winter geerntet werden können, ja Frost bringt den Kohlblättern erst die charakteristische Würze.
In Dänemark pflanzte die Bäuerin ihre schönsten Kohlstöcke schon im Herbst in den Küchengarten, um sie unter steter Pflege zu haben. Dazu gab es Schweinefleisch aus dem Salzfass oder der frischen Schlachtung. Kochmettwürste sind in Dänemark unbekannt. Sahne einzurühren wird im übrigen Dänemark als die südjütische Variante angesehen, sonst bindet man nur mit milcherner Mehlschwitze.

Südjütischer bzw. Nordschleswiger Grünkohl
Sønderjysk grønlangkål

3 Grünkohlstöcke (1500 g) oder gefrorener Grünkohl, 25 g Margarine, 25 g Weizenmehl, 25 g Butter, 3 dl Milch, Senf- und Pefferkörner, Lorbeerblatt, Salz, (1 Becher Sahne), 1 Tasse Zucker, 1 kg Kartoffeln
Fleisch: 1 kg durchwachsener Schweinespeck, 500 g geräucherter Speck, evtl. 500 g dänische Bratwurst (Medisterpølse)
1 kg gekochte Kartoffeln vom Vortag, 12 hart gekochte Eier

Schweinefleisch: Einen Teil in Salzwasser mit Pfefferkörnern und Lorbeer kochen. Den zweiten Teil in 1 cm dicken Scheiben in der Pfanne beidseitig kross braten, aus dem Fett nehmen. Dann darin die Medisterpølse braten.
In einer zweiten Pfanne den in dünne Scheiben geschnittenen, geräucherten Speck braten und herausnehmen.
Kohl: Blätter von den Strünken trennen, kalt spülen. In kochendem Wasser mit den Gewürzen 10 Min. garen, herausnehmen, im Sieb trocken pressen. Auf einem Brett mit dem Messer hacken. Mit Mehl und Milch eine Soße aufbacken, eventuell verdünnen, dann den Kohl hineingeben, 2 EL des Bratfettes zugeben, weitere 5 Min. auf kleiner Flamme köcheln, Sahne zugeben. Mit Salz und 1 EL Zucker abschmecken. Die Gesamtkonsistenz darf nicht flüssig sein.
Kartoffeln: Die Hälfte als Salzkartoffeln, die andere Hälfte als Brune Kartofler, Karamellkartoffeln.

Rezept von Madam Sørensen, Daugaard Gasthof in Nordschleswig (um1890).
In der Familie durch drei Generationen tradiert und bis heute benutzt.

CERES
AALBORG
Jubilæums Akvavit
70 cl
DANISCO DISTILLER

Ein altes dänisches Gericht, das an die Verwendung von Ochsenfleisch aus dem Pökelfass erinnert, also der Zeit vor künstlicher Tiefkühlung entstammt. Spitzkohl wurde nur in der bürgerlichen Küche verwendet. Im bäuerlichen Bereich nahm man eher Weißkohl. Dies schöne Gericht, dessen Bezeichnung in den 1950er-Jahren durch den Zeitungscartoon „Gyldenspjæt" erneut zum Begriff wurde, wird wegen der angeblichen Umständlichkeit des Einsalzens fast von niemandem mehr bereitet.

Gepökelte Ochsenbrust mit Spitzkohl
Sprængt oksebryst med spidskål

1 kg Ochsenbrust, 250 g Salz, 1 EL Zucker, 1 Spitzkohlkopf (1 kg), 30 g Margarine, 4 EL Mehl, 2 dl Milch, 3 dl Kochwasser, evtl. 1 Prise Muskat oder Koriander, weißer Pfeffer

In 1 l kochendem Wasser Salz und Zucker mit Rühren auflösen. Abkühlen lassen. Die kalte Lake muss das Fleisch reichlich bedecken, das mit einem passendem Teller und Gewicht unten gehalten wird. 3 Tage kalt stellen (4–6 °C). Fleisch herausnehmen und abspülen. In frischem Wasser das Fleisch knapp bedeckt 3 Std. mürbe kochen, mehrmals abschäumen.
Kohlkopf klein schneiden, in Salzwasser weich kochen (ca. 10–15 Min.), Wasser abgießen. Margarine, Mehl und Milch zur Soße anschwitzen, mit kochendem Wasser auf die richtige Konsistenz bringen, kurz aufkochen. Kohl hineingeben. Mit Salz, Zucker, Pfeffer und evtl. Muskat oder Koriander würzen.

Besser als gekochte Kartoffeln passen dicke Scheiben grobes Schwarzbrot.

Das frische Schweinefleisch der Herbstschlachtung, die vor dem Winter den Viehbestand reduzierte und die Salztonne als Vorrat füllte, wurde in vielen Gerichten serviert, die sich als dänische Klassiker bis heute bewährt haben. Gebratener Speck mit Zwiebelsoße oder Petersiliensoße ist ebenso wenig aufwendig wie die gebratenen Äpfel, die Æbleflæsk charakterisieren, das ein besonderes, in Deutschland unbekanntes Geschmacks-Erlebnis ist und, ganz dem Privatbereich zugehörig, auch in keinem Restaurant serviert wird.

Gebratener Speck
Stegt flæsk

500 g durchwachsener Schweinespeck im Stück, 2 geh. EL Mehl, 3 dl Milch, Salz, Pfeffer, Zucker, 3 Zwiebeln (oder 1 Bund krause Petersilie), 20 g Margarine, 1 kg Kartoffeln

Schweinespeck mit scharfem Messer oder Aufschnittmaschine in $^1/_2$ cm dicke Scheiben schneiden (dafür das Fleisch evtl. leicht frosten, um es schnittfester zu machen). Knochen vorher herauslösen. In heißer Pfanne 10 g Margarine schmelzen, den Speck hineingeben und auf beiden Seiten braun braten. Herausnehmen, Fett abgießen. Pfanne unter Wasser säubern, trocknen, erneut aufs Feuer stellen und mit Salz ausreiben. 2 EL vom Bratfett hineingeben, darin die Zwiebelscheiben braun braten, mit wenig Wasser ablöschen. Soße mit Mehl und Milch andicken.
Für *Petersiliensoße* (ohne die Zwiebeln): gehackte Petersilie hineingeben.
Für *Zwiebelsoße:* den Zwiebelsud dazugeben, umrühren.
Beide Soßen mit Salz und Zucker abschmecken.

Ein in ganz Dänemark verbreitetes Gericht. Von Gunver Hinrichsen (1916–2010), Altona, nach Art ihrer dänischen Mutter und Großmutter.

Apfelfleisch
Æbleflæsk

Zutaten wie oben, jedoch statt Zwiebeln und Petersilie: 12 große, säuerliche Äpfel (z. B. Boskop), Schwarzbrot

Speck wie zuvor braten. Äpfel schälen und bei Stehenlassen des Kerngehäuses in unregelmäßigen Schnitzeln zerteilen.
Etwas Margarine in die mit Salz ausgeriebene Pfanne geben. Darin 2 EL Zucker hellbraun karamellisieren, mit wenig Wasser ablöschen. Darin die Äpfel mit 2 EL zugefügtem Bratfett unter stetem Wenden ohne Deckel mürbe schmurgeln. Mit Zucker und reichlich Salz abschmecken, um die süß-saure Note zu erreichen.Um Anbrennen zu vermeiden, nicht aus den Augen lassen.

Rezept von Jenny Sørensen, Frederikshavn, Jütland um 1925. Ähnlich in Frøken Jensens Kogebog von 1901. Bis heute derart zubereitet von Torkild Hinrichsen, Altona.

Als Festessen am Weihnachtsabend sind Gänse- oder Entenbraten Höhepunkte des Jahres in der alten bürgerlichen Gesellschaft Dänemarks, deren Weihnachts-Zeremoniell sich in den 1840er-Jahren voll ausgebildet hat, nachdem nach Holsteiner Vorbild zunächst in deutschen Familien Kopenhagens der Weihnachtsbaum 1811 eingeführt worden war. Lieder Peder Fabers und Kinderbücher wie Krohns „Peters Jul" verfestigten den Ablauf des Festes. Hier hören wir auch, wie der Gänsebraten zum Bäcker gesandt wird, dessen Ofen ihn zusammen mit vielen andern Gänsen gart, was die Ausstattung einer normalen Küche offenbar nicht hergab. Urspünglich zum Mortensaften gehörend (Martinsabend), verdrängt die Gans den obligatorischen weihnachtlichen Flæskesteg (siehe dort).

Entenbraten, Gänsebraten
Andesteg, Gåsesteg

1 Gans (ca. 4 kg) oder 1 Ente (ca. 2 kg), 1000 g Äpfel, 400 g Zwetschgen, Salz, Pfeffer, 10 g Zucker, Wasser, 20 g Mehl, 100 g Margarine

Geflügel innen und außen abwaschen, abtrocknen, innen mit Salz und Pfeffer ausreiben. Äpfel schälen, in Stücke schneiden, mit Zwetschgen mischen und in den Vogel füllen, Haut schließen (Fleischnadeln, Zahnstocher, Zwirnsfaden). Auf dem Herd im Bräter oder im Ofen in tiefer Pfanne leicht in Margarine bräunen, kochendes Wasser zugießen. Unter Deckel ca. 3 Std. (die Ente nur 2 Std.) garen, dabei zweimal wenden. Braten herausnehmen, Fett abschöpfen. In einem Topf Mehl in Margarine anschwitzen, mit Fond versetzen, mit Wasser auf Soßenkonsistenz bringen, kurz aufkochen, mit Zuckercouleur färben. Braten in etwas vom Fett bräunen. Im Ofen mit Salzwasser bepinseln und kurz in größerer Hitze oder mit Honig bepinseln. Herd ausschalten. Restliche Äpfel und Zwetschgen im Topf mit wenig Wasser, etwas Zucker und Salz garen.
Dazu Rotkohl, mit Zucker oder Johannisbeersaft gesüßt und mit wenig Fett „glatt" und glänzend gekocht. Zubehör sind Johannisbeergelee und süßsaure Asier (wie beim Schweinebraten) sowie weiße (Salz-)Kartoffeln und Brunede kartofler (siehe S. 40).

Rezept: Tradition in vielen Familien, in der Art des ausgehenden 19. Jahrhunderts. Ähnlich bei Frøken Jensen 1901.

Die kleine bürgerliche Küche verfügte oft nicht über einen Herd mit Backröhre. Der moderne „Gasapparat", der Brenner auf gefliestem Küchentisch, war ideale Voraussetzung für Topf- und Pfannengerichte aller Art. Große eiserne Bratentöpfe ermöglichten außer Gans und Backwerk jede Herausforderung. Der dickwandige eiserne Topf lässt sich durch einen Deckelbräter ersetzen. Im Topf gebratenes Huhn ist von unvergleichlichem Geschmack und großer Saftigkeit. Auch als kaltes Hühnerfleisch erfreute es sich mit Erdbeermarmelade auf dem obligaten Sommerausflug der Familie und ihrer Freunde oder als Reiseverpflegung großer Beliebtheit.

Hähnchen im Brattopf
Grydestegt kylling

2 kleine Hähnchen (je ca. 500–600 g) 4 Bund Petersilie,
50 g Butter oder Margarine, 2 dl Gemüsebouillon,
2 dl Sahne, Salz, Pfeffer, Zucker

Hähnchen mit kochendem Wasser innen brühen, mit Küchenpapier austrocknen und innen mit Salz und schwarzem Pfeffer einreiben. Jeweils 2 Petersilienbuketts von den groben Stielen befreien und im ganzen Inneren verteilen. Dann mit Zahnstochern die Öffnung schließen. Fett bräunen. Die Hähnchen darin wenden (nicht anstechen) und allseitig bräunen. Bei kleinerer Flamme Bouillon zufügen (kann spritzen!). Salz und Pfeffer einstreuen. Unter Deckel 45 Min. schmurgeln, mehrmals wenden. Den Braten herausnehmen, Fond mit Sahne eindicken, evtl. mit etwas Wasser verdünnen. Mit etwas Zucker abrunden. Kein Mehl!

Dazu möglichst „neue" Kartoffeln, Stachelbeerkompott oder Rhabarberkompott, Mirabellenkompott und Gurkensalat.

Zum kalten Hähnchen gehört Erdbeermarmelade.

Rezept von Ida Clemmensen, Jütland um 1880, seitdem in drei Generationen in der Familie bis heute weitergenutzt.

Diese dänische Spezialität ist unverzichtbare Beilage zu Gerichten wie Grünkohl oder den großen festlichen Braten. Keine Alltagskost.

Karamellkartoffeln
Brune kartofler

1 kg gekochte Kartoffeln, 100 g Zucker, 90 g Butter

Kleine gepellte Kartoffeln oder größere, geteilte (unbedingt kalt und abgestanden, vom Vortag). Vor dem Bräunen mit kaltem Wasser abspülen, im Sieb abtropfen.

Zucker in der Pfanne bei kleiner Flamme erhitzen und schwach braun werden lassen. Sofort (!) die Butter hinzugeben, bis eine gleichmäßige goldene Masse erreicht ist. Nicht rühren! Nun Kartoffeln hineingeben (kann spritzen!). Nicht rühren, sondern schwenken und die Pfanne schütteln, sodass die Kartoffeln in steter Bewegung sind und gleichmäßig bräunen.

Es gibt preiswerten guten Rotkohl im Glas. Frische Zubereitung jedoch übertrifft alles andere, die Mühe lohnt sich. Unbedingtes Zubehör zu den großen Festbraten und der Ente am Martinsabend (Mortensaften).

Rotkohl
Rødkål

1 Rotkohlkopf (1 kg), 50 g Butter, 4 dl Johannisbeersaft (oder Gelee), $^{1}/_{4}$ dl Essig, 4 EL Zucker (bei Gelee weniger), Prise Salz

Den Kohlkopf halbieren und längs vierteln. Den Mittelstrunk herausnehmen, dann quer schneiden zu schmalen Schnitzen.
In einem großen Topf die Butter bräunen, Kohl hineingeben, Zucker dazu, 10 Min. bei kleiner Flamme in Essig und Saft köcheln lassen. Unter Deckel bei kleiner Hitze eine Stunde garen. Mit Zucker abschmecken. Bei Gefahr von Anbrennen zwischendurch etwas Wasser dazufügen.
Einige legieren nun mit leichter Mehlschwitze, um alle Flüssigkeit zu binden. Traditionsbewusste rühren unmittelbar vor dem servieren 1 EL Schmalz hinein, um Glätte und schönen Glanz zu erzielen.

Bitter Dram

Die klassische Beilage der großen Braten, die sauren und süßen Schalen des Sødt og Surt. In Deutschland werden die großen Asiergurken kaum, in Dänemark nur noch selten angebaut. Fast alle stammen von der Ostseeinsel Samsø, wo die örtliche Konservenfabrik sie auch in Gläsern einmacht. Zur Lagerung nehmen wir wiederverwendete große Twist-on/off-Gläser. Ehemals verwendete man große irdene, glasierte Kruken, die mit Stoff abgebunden wurden und die Gurkenhälften in ganzer Länge aufnahmen.

Eingemachte Senfgurken
Asier

3 kg große Gurken, die nicht gelb, d. h. überreif sein dürfen, 3 l Essig, 3 l Wasser, 1,5 kg Zucker, 150 g Senfkörner, 500 g Salz, 5 Lorbeerblätter, 100 g Piment, 10 Wacholderbeeren, 5 Nelken, 1 kg Zwiebeln (normale oder kleine Schalotten), 20 schwarze Pfefferkörner

Gurken schälen, längs durchschneiden, mit dem Löffel die Kerne und weiche Umgebung ausschaben. Hälften mehrmals längs teilen. Die bootsförmigen Stücke nur zu Würfeln zerschneiden, wenn die Gläser zu klein sind.

Essigwasser erwärmen, Zucker darin lösen. Geschmacksprobe, ob süß-sauer-Verhältnis gelungen, sonst mit Wasser oder Zucker regulieren. Salz und Gewürze dazugeben, alles 10 Min. bei kleiner Flamme kochen. Vom Feuer nehmen. Gurken und Zwiebeln (geschält, große geviertelt) hineingeben, 5 Min. ziehen lassen, dann kurz aufkochen. Vom Feuer nehmen, mit Lochlöffel und Wurstzange Stücke einzeln im Glas bündeln. Mit Lake und einem Teil der Gewürze und Zwiebeln auffüllen bis zum Rand. Deckel schließen. Das Glas auf den Kopf stellen bis es abgekühlt ist. Ein halbes Jahr im kühlen Keller ruhen lassen. Dort halten sich Asier mehrere Jahre, falls sie kein Tageslicht bekommen.

Rezept: Familientradition seit ca. 1880

Erst der Einsatz des Fleischwolfes ermöglichte dies Resteessen zur Verwertung minderwertiger Fischstücke. Heute benutzt man meist fertige Farce oder kauft bereits gebratene Frikadellen, hausgemachte oder aus der Fabrik. In den Buden der Hafenfeste im Sommer gibt es die besten Kreationen oft mit eingearbeiteten Krabben, Garnelen oder Lachs. In Nordschleswig enthält die Farce auch geräucherten Speck. Viele Angler schwören auf die Verwendung von Hechtfleisch, das sonst wegen der vielen Gräten schwierig zuzubereiten und zu essen ist.

Fischfrikadellen
Fiskefrikadeller

Farce: 500 g Dorschfilet (oder anderer Fisch), 1 Zwiebel, 2 Eier, 1 dl Weizenmehl, 1 dl Kartoffelmehl (oder: 1 dl Kartoffelmus, 1 dl Haferflocken), 3 dl Milch (oder Sahne) weißer Pfeffer, Salz
Zum Braten: 25 g Butter (oder Margarine) und 25 g Öl

Fischfleisch und Zwiebel mehrmals durch den Wolf drehen oder mit dem Mixer pürieren. Mehl, Salz und Milch einrühren, zuletzt gequirlte Eier, Gewürze.
In der heißen Pfanne beide Fette aufschäumen und klären. Die Farce mit einem nassem Suppenlöffel portionsweise hineingeben. 5 Min. auf jeder Seite braten. Häufiger wenden, dabei die Hitze reduzieren.
Dazu Kartoffeln und zerl. Butter servieren. Beliebt auch als kalter Aufschnitt auf Schwarzbrot mit Preiselbeermarmelade.

Rezept aus Hirtshals, gesammelt von Marietta Killinger auf den Reisen des Deutsch-Dänischen Vereins 1994 und 2006.
Dänischer Klassiker. Ähnlich in Frøken Jensens Kochbuch von 1901.

CERES

Besonders für Hochseeangler ist Dorsch, fangfrisch aus der Pfanne, eine große Delikatesse. Bis jüngst war dieser Fisch in ganz Dänemark Festessen zum Neujahrsabend. Klippfisch, eigentlich die gesalzene, getrocknete, lang haltbare Version, war örtlich, u. a. auf Südseeland, noch um 1880 in Erinnerung der Fastenspeisen traditionelles Weihnachtsessen. Erst bei den großen Festessen nach dem 25. Dezember gab es Fleisch. Klippfisch war durch Jahrhunderte ähnlich wie Salzhering ein Exportschlager der nordischen Länder, besonders Norwegens und Islands. Der gesalzene, ausgebreitet aufgespannte Dorsch oder Kabeljau erinnert an eine große gesteifte Herren-Hemdbrust, „Kravebryst". Als Fastenspeise wird Klippfisch noch in vielen Mittelmeerländern verwendet. Wir kaufen ihn am besten im spanischen oder portugiesischen Laden als „Bacalao", eine fettarme, proteinreiche, äußerst schmackhafte Kost, die man vorurteilsfrei probieren sollte.

Klippfisch oder Dorsch mit Senfsoße

Klipfisk eller torsk med sennepssovs

1 kg Klippfisch (nicht zu dick), 4 hart gekochte Eier, 2 Bund Petersilie, 250 g Butter, 15 kleine Zwiebeln, 3 Lorbeerblätter, 10 Körner weißer Pfeffer
Soße: 1 EL Mehl, 15 g Butter, 1 TL Zucker, 1 TL Essig, 2 EL grobes Senfmehl (selbst gerieben oder „Fischmehl"), Fischsud

Im Freien (!) den Fisch mit dem Haumesser oder einer Axt teilen, längs dem Rückgrat, dann im Querstücken von 10 cm Breite. In reichlich Wasser über Nacht wässern, 1 x wechseln.
Reichlich Wasser mit Gewürzen aufkochen und je nach Vorliebe:
a) den Fisch nur heiß machen, herausnehmen, oder
b) 15 Min. ziehen lassen, oder
c) 45 Min. kochen.

Soße: Mehl in Butter anschwitzen, mit Fischsud auf Soßenkonsistenz bringen, dann unter Rühren das Übrige hinzugeben und abschmecken!

Servieren mit Zwiebeln, längs in Scheiben geschnittenen Eiern, Petersiliensträußen. Oder gehackte Eier mit Petersilie über den Fisch streuen.
Dazu Senfsoße, Pellkartoffeln und zerlassene Butter.

Rezept von Ida Clemmensen, geb. Johnson, Nordjütland, um 1880, ähnlich bei Frøken Jensen 1901, in der Familie bis heute tradiert und in Hamburg zubereitet.

DANZKA
Danish Vodka
50 cl

Während gebratene frische Heringe in Küstennähe ein wöchentlich wiederkehrendes Gericht waren und seit 1900 auch im Inland, entstanden die Heringsmarinaden aus der salzig konservierten Tonnenware. Selbst eingelegte Heringe sind heute die Attraktion des großen Julefrokost. Die fertig eingeglasten Heringe der Industrie fallen dagegen weit ab.

Eingelegte Heringe
Indlagte sild

3 große Salzheringe (oder 6 Filets), 3,5 dl Essig, 3 dl Wasser, 2 dl Zucker, 3 große Zwiebeln, 12 Körner schwarzer Pfeffer, 1 TL Piment, 1 TL Senfsamen, 2 Lorbeerblätter, 2 Nelken, 4 Wacholderbeeren

Heringe wässern (3–5 Std.), Kopf, Flossen, Haut, evtl. Eingeweide entfernen. Essig, Wasser und weitere Zutaten aufkochen, abkühlen lassen. Heringe in 5–6 Stücke schneiden, Zwiebelringe dazwischen verteilen, 12 Stunden im Kühlen ziehen lassen. Die Heringe halten im Kühlschrank oder Keller eine Woche.

Rezept für Weihnachten, jährlich bereitet (von ca. 1914–1975) von Jenny Sørensen, Nordjütland, tradiert nach Hamburg, dort fortgeführt ca. 1975–2005 von Gunver Hinrichsen, Altona.

MALTESER
AQUAVIT
0,7l
Seit 1924 nach
dänischem Rezept hergestellt
DISTILLERS BERLIN GMBH
TUBORG
WEIHNACHTS-
PILSENER

Dies herrliche Gericht ist obligatorisches Angebot der Restaurants der Küsten Dänemarks und Deutschlands. Manche Städte Jütlands erklärten Scholle geradezu zum örtlichen „Nationalgericht“ und Zeichen der Stadt: „Rødspættebyen Frederikshavn“. Im Sommer konnte man vor 30 Jahren noch beim Baden „Schollen treten“. Lange Hakenleinen brachten an der Ostseeküste vom privaten Ruderboot aus reiche Ausbeute, die gesalzen und an der Wäscheleine getrocknet seit alters Wintervorrat war, „tørrede Jyder“. Frische Schollen bekommt man noch mit Glück am Kutter, im deutschen Fischgeschäft oder auf dem Wochenmarkt. Von tiefgefrorenen, wässerigen Filets sollte man die Finger lassen.

Gebratene Schollen

Stegte rødspætter

1 kg Schollen (4 mittelgroße), 4 EL Mehl,
50 g Butter oder Margarine zum Braten, 50 g zur Soße, Salz,
Pfeffer, 1 in Scheiben geschnittene Zitrone, Petersilie
(evtl. zum Panieren: 1 Ei, Semmelmehl, Mehl)

Dunkle Haut des Fisches unbedingt abziehen, weiße schaben. In Dänemark brät man die Scholle privat selten ganz. Quer in 2–3 Stücke schneiden und in Mehl und Gewürz wälzen. Fett aufschäumen, klaren, den Fisch auf beiden Seiten bräunen, dann von jeder Seite auf kleinerer Hitze etwa 5 Min. garen.

Petersiliensoße siehe: S. 34

Dazu Salzkartoffeln, Soße und zerlassene Butter.

Akvavit
70 cl
DANISCO DISTILLERS
1411 COPENHAGEN-DENMARK
DANISCO A/S
BOTTLED BY THE DISTILLERY - PRODUCED IN DENMARK
6213
AALBORG

Heringssalat ist, möglichst selbst gemacht, eines der Fischgerichte des großen Frokost, auch zur Weihnachtszeit. Er begegnet uns in Dänemark fast immer in der roten Variante.

Heringssalat
Sildesalat med rødbeder

Aalholm Sildesalat

4 Matjesfilets, 6 gekochte Kartoffeln, 6 Scheiben eingel. Rote Bete, 2 große Äpfel, 2 kl. Stangen Porree, 3 dl Crème fraîche, Dill, gehackt

Filets, Rote Bete, Kartoffeln, Äpfel und Porree in kleine Würfel schneiden. Zutaten mischen und mit Zucker abschmecken.

Rezept vom Marietta Killingers Mutter, die es von Schloss Aalholm mitbrachte, wo schon ihre Mutter als Kind oft zu Besuch war.

Warme Zubereitung

1 Salzhering, 100 g Fleisch (Bratenrest), 100 g gekochte Kartoffeln, 100 g Äpfel, 100 g Rote Bete, 2 EL Zucker, 1 EL Essig, 20 g Mehl, 1 fein gehackte Zwiebel, 20 g Butter, 1 TL Senf, Salz, Pfeffer, 2 hartgekochte Eier.

Mehl in Fett anschwitzen und mit Wasser ablöschen, Gewürze hineingeben und vom Feuer nehmen. Die klein gewürfelten Zutaten einrühren. Abkühlen lassen. Einen halben Tag im Kalten ziehen lassen. Garnieren mit Eischeiben oder gehacktem Ei.
Dazu Schwarzbrot oder Weißbrot mit Butter servieren.

Das Rezept war um 1900 sehr beliebt und ist seitdem in ganz Dänemark verbreitet.

Aus Liebe

Kaltes Sommerdessert oder Zwischenmahlzeit. Buttermilch wurde um 1900, ausgehend von den örtlichen Molkereien, auch außerhalb der bäuerlichen Gesellschaft populär. Seit etwa 1980 werden fertige Mischungen im Pappkarton im Supermarkt angeboten. Während einer heißen Sommerwoche 2007 verkaufte man 1,2 Mio. Liter hiervon. Die warme (Winter-) Variante heißt Kærnemælkssuppe, ist legiert mit Maizena und enthält Rosinen als Einlage.

Buttermilch-Kaltschale
Kærnemælkskoldskål

1,5 l Buttermilch (nicht „gesäuerte Vollmilch"), 100 g Zucker, 1 Zitrone (Bio), 2 Eier, 1 Stange Vanille (evtl.: 1 Becher Schlagsahne)

Eier und Zucker schaumig schlagen. Zitronensaft, Vanille und etwas Raspel der Zitronenschale dazu. Buttermilch einrühren, kalt stellen.

Auf der Buttermilch schwimmen kleine Zwiebackstücke oder geröstete Brotwürfel. Auf jeder Portion evtl. geschlagene Sahne.

Rezept von Kamete Jul Skeltved, Lemvig am Limfjord, nach Rezept ihrer Mutter (geb. 1918) aus Nordjütland.

Unzweifelhaft die Königin aller dänischen Suppen, obwohl der Hauptbestandteil ein aus dem Hühnerhof aussortiertes, nicht mehr legefähiges Althuhn ist. Heute muss man aufpassen, vor lauter Discountfreude nicht ein ausgezehrtes, erschöpftes Huhn aus der Legebatterie zu bekommen. Früher waren Suppenhühner größer und fetter als heute.
Die Suppe ist in Dänemark meist Vorspeise eines mehrgängigen Menüs, seltener Hauptmahlzeit. Das eigentliche Gericht ist dann gekochtes Hühnerfleisch mit Kartoffeln und Meerrettichsoße (kogt hønsekød med peberrodsovs).

Hühnersuppe mit Klößen
Hønsekødsuppe med boller

Huhn von 2 kg, 3 l Wasser, 3 Stangen Porree, 6 Möhren, 1/2 Sellerie, 1 Petersilienwurzel, 2 große Zwiebeln, 5 schwarze Pfefferkörner, 3 Nelken, 3 TL Salz, 3 TL Zucker

Für die Fleischklöße: 250 g gemischtes Hackfleisch, 3 EL Mehl, 1 gehackte Zwiebel, 1 Eiweiß, 1,5 dl Suppe, Salz, Pfeffer

Zubereitung siehe: Boller i sellerie (S. 14)

Für die Mehlklöße: 75 g Butter, 1 dl Wasser, 1,5 dl Mehl, 2 Eier, Salz

Klöße: Mehl in Fett anschwitzen und mit Wasser ablöschen, vom Feuer nehmen, gequirlte Eier einrühren, vom Herd nehmen. Klöße einzeln mit nassem Teelöffel in das Wasser geben, etwas simmern lassen, bis die Klöße durch und fest sind. Herausnehmen.
Suppe: Das Huhn außen und innen abbrühen, das Gemüse in Scheiben schneiden, das Huhn in einen Kochtopf legen. Mit Wasser eben bedecken. Alle Gewürze und die Hälfte des Gemüses 1,5 Std. mitkochen (Mürbeprobe am Beinknochen). Das restliche Gemüse hinzugeben, bei kleiner Flamme garen (ca. 20 Min.). Das Huhn herausnehmen. Einen Teil des Brustfleisches in kleine Würfel schneiden, in die Suppe geben, beide Kloßsorten hinzugeben.

Beilage: kleine Suppenbrötchen oder geröstete Brotschnitten.

Rezept von Jenny Sørensen, Nordjütland, um 1920. Familientradition in den folgenden zwei Generationen bis heute.

Diese alte Kraftnahrung wurde über Jahrhunderte sowohl auf dem Land wie in der Stadt serviert und war lange auch wichtigste Mahlzeit der dänischen Flotte. Sie entspringt dem kostenbewussten Umgang mit alten, trockenen Brotresten. Ohne Bier, aber mit Obstsaft, Rosinen und Zitronenschale wird ähnlich Brødsuppe (Brotsuppe) bereitet.

Bier-Brot-Suppe
Øllebrød

300 g Schwarz- und/oder Graubrot, 1/2 l Wasser, 2 Flaschen Malzbier („hvidtøl"), 75 g Zucker, Schale einer Bio-Zitrone (eventuell Zimt)

Das Brot über Nacht in Wasser einweichen. Mit der Zitronenschale bei kleiner Flamme 10 Min. unter Rühren kochen. Schale herausnehmen. Die Brotmasse durch Sieb drücken oder mit Pürierstab durcharbeiten. Das Bier eingießen, Zucker einrühren, einige Minuten kühlen lassen.

Milch oder Sahne kann aufgegossen werden. Salzhering als Beilage war üblich, bedarf aber einiger Überwindung.

Rezept von Madam Ann Kristine Sørensen, Daugaard Gjestgivergaard bei Vejle, um 1910.
Rezept in der Familie bis heute erhalten, selten zubereitet.

Ein beliebtes klassisches Dessert beim Weihnachtsessen am 24. Dezember. Die versammelte große Familie verlangte große Mengen. Ausgangspunkt aller Rezepte sind daher meist 12 Eier. Die Angst vor roher Eimasse ist bei geprüften Bioeiern überflüssig. Im Großhandel und Bäckereibedarf und in den meisten dänischen Supermärkten bekommt man pasteurisiertes Eiweiß und Eigelb.

Zitronenspeise
Citronfromage

4 Eier, 100 g Zucker, $1^1/_2$ Bio-Zitronen, 4 Blatt Gelatine,
2 dl Schlagsahne
(Apfelsinenspeise, Appelsinfromage erhält man mit:
3 Apfelsinen und $^1/_2$ Zitrone)

Eigelb mit Zucker schaumig schlagen, etwas geriebene Zitronenschale dazugeben. Eiweiß und Sahne getrennt schlagen. Gelatine einweichen, auswringen und in Zitronensaft auflösen. Das Eigelb zufügen. Wenn die Masse beginnt zu versteifen, die Hälfte der Sahne und den Eischnee unterheben. Kalt stellen.
Vor dem Servieren die Oberfläche mit einer Sahneschicht abdecken.

Dazu ein dänischer Kirschlikör, der noch nach dem Rezept aus dem Jahr 1891 hergestellt wird.

Rezept von Schloss Brahetrolleborg, 31. Reise des Deutsch-Dänischen Vereins 2008.
Ähnlich von Jenny Sørensen, Nordjütland, 1950–1978 serviert in Altona.
Entspricht im Wesentlichen der Vorschrift in Frøken Jensens Kogebog, 1901.

KIRSBERRY
DANSK KIRSEBÆRVIN
BETTER BRANDS LTD.

Ein urdänisches Gericht der Weihnachtszeit, das kalte Dessert nach dem Festbraten am 24. Dezember. Es entstand aus der Tradition, vor dem Fleischgang warme Reisgrütze (Risengrød) zu essen mit Zimt, Zucker und Butter, in der, ähnlich wie beim holländischen Bohnenkönig, eine Mandel versteckt war, deren Finder ein Geschenk erhielt. Reis war die hochpreisige bürgerliche Variante für die süße, mit Milch gekochte Festtagsgrütze der Bauern und wurde durch sinkende Preise für Reis erst um 1900 weiteren Kreisen zugänglich. Mandelreis als Nachspeise entstand erst während der deutschen Besatzung in den 1940er-Jahren, als die Reisimporte stagnierten und Familienzeitschriften rieten, einen Teil der Substanz durch Schlagsahne zu ersetzen, die ausreichend zur Verfügung stand.

Mandelreis
Ris à l'amande

$^{1}/_{2}$ l Milch, $^{3}/_{4}$ dl Milchreis, 10 Mandeln, 3 Blatt Gelatine, 1 EL Sherry, 1 Stange Vanille, 250 g Schlagsahne, 2 EL Zucker

Milch und Reis mit Vanille zur Grütze verkochen (ca. 50 Min., kleine Flamme, mehrmals rühren).Vom Feuer nehmen, die eingeweichte, geschmolzene Gelatine, Zucker, klein gehackte Mandeln und Sherry einrühren. Abkühlen, kalt stellen. Die geschlagene Sahne vorsichtig unterheben.
Die Mitte bildet ein gebratener Apfel, dessen Kerngehäuse durch Johannisbeergelee ersetzt wurde.
Dazu: Fruchtsoße aus Erdbeeren, Himbeeren oder eingemachten Früchten, oder mit Maizena gedickte Sauerkirschen im Saft.

Traditionelle Zubereitung in vielen Familie. Die Tendenz zu fertiger Grütze aus dem Kühlregal nimmt zu.

70 cl
AALBORG
2011
226146
TORDENSKJOLD

Æblekage ist festlicher Höhepunkt jeder opulenten dänischen Kaffeetafel, zwischen Kleingebäck und Torte, nicht gebacken, sondern kalt gerührt und in Glasschale serviert, mitunter auch als Nachspeise mit zugehörigem Kaffee. Der ähnlich bereitete Nachtisch Kongelig dessert (vornehmlich zu Weihnachten) ersetzt die Äpfel mit Zwetschgen, den Röstzwieback teilweise mit Creme.

Dänischer Apfelkuchen „Brautmädchen mit Schleier“

Dansk æblekage „Brudepige med slør“

1 kg Äpfel, 200 g kleine Makronen, 4 Zwiebäcke, 4 EL Zucker, 30 Mandeln, $^{3}/_{4}$ l Schlagsahne, 1 Glas Sherry, Johannisbeergelee, 50 g Butter

Äpfel schälen, entkernen, zerschneiden. Mit etwas Wasser auf kleiner Flamme zu steifer Grütze kochen (Stücke sollen noch erkennbar sein), 2 EL Zucker einrühren, Mandeln und zerbröselten Zwieback mit 2 EL Zucker und Butter auf heißer Pfanne rösten, bis der Zucker karamellisiert. Die Glasschale am Boden mit zerbrochenen Makronen belegen, Sherry aufträufeln, dann eine Schicht Apfel (2 cm), eine Schicht Zwieback, dann Apfel (4 cm), Rest Zwieback, darauf Rest Apfel geben. Abkühlen lassen.
Vor dem Servieren dick mit Schlagsahne abdecken, Dekoration mit kleinen ganzen Suppenmakronen im Wechsel mit Klecksen von Johannisbeergelee.

Königliches Dessert

Kongelig dessert

30 große gedörrte Zwetschgen (einweichen, weichkochen),
100 g Makronen, $^{1}/_{2}$ l Milch-Vanillepudding,
4 Zwiebäcke, 50 g Butter, 1 Glas Sherry.

Schichtweiser Aufbau in der Schale, zweite Zwiebackschicht durch Creme ersetzt.

Rezept aus Fuglsø Kro, Djursland, 10. Reise, 1997. So und ähnlich in vielen Familien. Auch in Frøken Jensens Kogebog, 1901. In den letzten Jahren unmodern geworden.

Der nationale dänische Nachtisch von fast mystischem Renommee (jedenfalls im Ausland), obwohl in Dänemark alltägliche Nachspeise und kein Festtagsmahl. Die traditionelle Bereitung ist ohne sichtbares Fruchtfleisch oder ganze Beeren, glatt und durchscheinend.

Rote Grütze mit Sahne

Rødgrød med fløde

750 g Beeren (rote und schwarze Johannisbeeren, Himbeeren, Kirschen – Stachelbeeren ergeben grüne Grütze), $^{3}/_{4}$ l Wasser, 200 g Zucker, 80 g Kartoffelmehl

Die Beeren 10 Minuten zu Saft kochen, durchsieben, mit Kartoffelmehl (Schneebesen) abbinden. Eingestreute ganze Früchte erhält man, indem man sie nur die letzten 2 Min. mitkocht. Die warme Grütze in eine Glasschale füllen. Die Oberfläche mit Zucker bestreuen, um Hautbildung zu vermeiden.
Servieren: Am Tisch im Alltag aus der Schale die Portionen in Suppenteller löffeln, Sahne an den Rand gießen und mit dem Suppenlöffel essen. Kleine gläserne Portionsschalen und Dessertlöffel sind nur bei festlichem Anlass üblich. Dann häufig mit Vanillecremesoße.

Das Rezept ist allgemein verbreitet und beliebt mit Beeren der ersten Saisonernte aus dem eigenen Garten. Fertige Grütze im Karton oder Plastikschlauch verdrängt rapide die eigene Zubereitung. Version mit Rhabarber, Johannis-, Erd- und Himbeeren im Restaurant Neptun, Marselisborg bei Aarhus (20. Reise, 2002).

Dies angeblich von dänischen Pfadfindern erfundene Rezept war in den 1960er- und 1970er- Jahren auch in Studentenkreisen sehr beliebt, weil es die Kunst vermittelt, aus einem Pfund Hackfleisch 20 Portionen zu machen. Es eignet sich wie Stockbrot auch vorzüglich für den Gartengrill und den interaktiven Kindergeburtstag im Freien. In Zeiten wirtschaftlicher Stagnation dürfte es schwer zu überbieten sein.

Stockbrot ist ein Hefebrot, ursprünglich für die Nachglut des Lagerfeuers. Beliebte Attraktion beim Fest St. Hans, dem Johannisfeuer am 23. Juni.

Pfadfinderbeef
Spejderbøf

1 frisches Weißbrot in Scheiben oder Toastbrot, 500 g Hack, gemischt, 200 g Margarine, Salz, Pfeffer, Curry, Paprikapulver, 3 Zwiebeln (evtl. Tomatenketchup)

Brot-Scheiben im Toaster oder auf dem Grill rösten. Leicht mit Margarine bestreichen, Hack wie dünnen Aufstrich mit dem Messer verteilen und andrücken. Mit Salz, Pfeffer und Paprika würzen. Mit der Fleischseite auf der Pfanne in siedender Margarine braten (2 Min.) oder auf dem Grill.
Danach nach Geschmack mit Curry-Pulver bestreuen.
Bei Bedarf Ketchup.

Stockbrot
Snobrød

Für jeden Teilnehmer eine Rute schneiden, Spitze mit Stanniol umwickeln.
Teig: 600 g Mehl, 25 g Hefe (oder 1/2 Tüte Trockenhefe), 4 dl Milch, 2 TL Salz, 1 TL Zucker, 1 EL Olivenöl

Hefe in lauwarmer Milch auflösen, dann das Übrige dazurühren, durchkneten und mit Mehl bestäuben, bis der Teig nicht mehr am Untergrund klebt. 20–30 Min. ruhen lassen. Jeweils eine Portion (Handvoll) um den Stock drehen und festdrücken. Nicht direkt in der Flamme, sondern in 20 cm Abstand über der Glut der Feuerstelle backen. Bei einem Rost auf dem Gartengrill mehrmals drehen. Backzeit 10 Min.
Heiß vom Stock abnagen.

Rezepte von Kamete Jul Skeltved, Lemvig am Limfjord, 1962–1968 Mitglied von „De blaa Pigespejdere" im „Danske Spejderkorps".

Dies ist kein Fettgebäck wie Berliner Pfannkuchen oder Krapfen, sondern rund gebackene Eierküchlein aus pfannkuchenähnlichem Teig. Nachdem man sie tiefgefroren im Supermarkt fertig gebacken erhält, haben sie einen Teil ihres festtäglichen Gepräges verloren. Æbleskiver gab es nur einmal im Jahr zum Neujahrsabend mit heißem Getränk, Tee-, Weinpunsch oder schwedischem Glögg. Nötig ist die charakteristische Pfanne (æbleskivepande), bis 1900 aus Irdenware, dann aus Gusseisen mit sieben Mulden, die bei den älteren emailliert, den heutigen beschichtet sind. In den Herzogtümern fertigte die Pfannen die Carlshütte in Rendsburg mit nur sechs größeren, flachen Mulden für Pförtchen. Diese enthielten in der Mitte eine gekochte Zwetsche und heißen in Dänemark sønderjyske æbleskiver. Alte Rezepte wie das in Frau Nimbs Kochbuch von 1888 versenken in der Mitte Apfelmus, daher auch der dänische Name Æbleskive.

Pförtchen
Æbleskiver

$^1/_2$ kg Mehl, 1 EL Zucker, 1 TL gemahlener Kardamom, $^1/_2$ l Milch, $^1/_4$ l Sahne, 1 Würfel Hefe (1 Tüte Trockenhefe), 1 Prise Salz, 2 EL Zucker, 6 Eier, geriebene Schale von 1 Zitrone, 100 g Butter

Eier trennen und Eiweiß steif schlagen. Die Hefe in lauwarmer Milch auflösen. Zutaten zufügen, mit dem Rührbesen oder der Maschine lange schlagen, bis es sämig ist. $^1/_2$ Std. ruhen lassen. Eischnee unterheben. Pfanne vorwärmen. Mit der Messerspitze wenig Butter in jede Mulde geben, schmelzen und mit der Soßenkelle zu $^2/_3$ mit Teig füllen. Wenn sich braune Kruste gebildet hat und der Teig innen noch flüssig ist, die Halbkugel mit der Gabel in der Mulde drehen, sodass Teig nachfließen kann, um die zweite Kugelhälfte zu bilden. Backzeit ca. 5 Min. (Statt Hefe und Milch: Buttermilch und Natron).

Zucker zum Aufstreuen, Erdbeermarmelade dazu reichen. Mit der Hand essen und eintunken, seltener mit Gabel zerteilen.

Rezept in vielen Varianten. Vorliegendes aus der Erinnerung nach Christine Clausen, Vejle, Jütland 1955–1970, das offenbar beruht auf Fru Nimbs Kogebog, 1888.

Braune Kuchen, privat in der Vorweihnachtszeit gebacken, waren für die Kuchendose unverzichtbare Pflicht, zumal sie sich lange hielten, daher in entsprechend großen Mengen herzustellen waren. Hier ließ sich Sirup verwenden, der preiswerte Ersatz für Zucker, der als Abfallprodukt der Rüben-Raffinade anfiel und auch gern als Brotaufstrich genommen wurde.

Braune Kuchen

Brune kager, Sirupskager

Für 150 Stück: 125 g Sirup, 125 g Zucker, Prise Salz, 125 g Butter oder Margarine, 250 g Mehl, 2 TL Pottasche, $^1/_2$ TL Hirschhornsalz, 1 dl Wasser (oder Rosenwasser), 25 g fein gehackte Mandeln, 25 g fein gehackte Apfelsinenschale oder Sukkade, 1 TL Nelkenpulver, 2 EL Zimt

Den Sirup mit Zucker und Butter erwärmen, kurz aufkochen. Hebemittel in Wasser lösen und in die Masse einbringen, Mandeln und Apfelsinenschale hinzugeben. Abkühlen lassen, bis die Masse lauwarm ist. Mehl und Gewürze langsam einrühren. (War dcr Sirup zu heiß, wird der Teig krümelig.) Teig gut durchkneten und zu Würsten von 5 cm Durchmesser rollen. In Folie einwickeln und kühl eine Woche ruhen lassen.
Die Kuchen entstehen durch Abschneiden dünner Scheiben mit sehr scharfem Messer. Oder: Teig dünn ausrollen und mit runder Stechform ausstechen.
Backen: Das beste Ergebnis erzielt man bei niedriger Hitze, 165 °C, 15 Min. Möglich auch: 8 Min. bei 200 °C.

Das Rezept stammt auch von Marietta Killinger. Es beruht auf alter Tradition von ca. 1880.

Kleingebäck für die Dose, in der Vorweihnachtszeit gebacken. Die „Småkager" aus „hellem" Mehl (Weizen) waren eine ausgeprägte Luxusspeise, die eng mit der Kultur des Kaffeetrinkens zusammenhängt. Technisch ermöglichte sie erst das Vorhandensein einer Backröhre oder eines Herdes. So sind sie vor 1870 nur im reichen Bürgertum anzutreffen. Der Siegeszug der Industrieware beginnt erst um 1965 mit dem Dorfbäcker Kjeldsen in Nørre Snede, Jütland, der schwedische braune Kuchen in Massen herstellte. Die Verpackung in schön bebilderten Blechdosen, die sich wiederverwenden ließen für eigene Produkte, steigerte die Beliebtheit.

Finnisches Brot
Finsk brød

750 g Butter, 300 g Puderzucker, 1 kg Mehl
Dekoration: 1 Ei, gehackte Mandeln

Rezept 1 (Herrenhof Steensgaard, Fyn, 18. Reise Deutsch-Dänischer Verein 2001)

275 g Butter, 85 g Zucker, 375 g Mehl
Dekoration: 1 Ei, 3 EL grober (Tee)-Zucker, 25 gehackte Mandeln

Rezept 2 (Hausfrauentipps 1968)

250 g Butter, 100 g Zucker, 375 g Mehl
Dekoration: 1 Ei, Zucker, gehackte Mandeln

Rezept 3 (Frøken Jensen, 1901)

Alles Mischen. Teigrollen von ca. 5 cm Dicke ausrollen, leicht abflachen (Kuchenrolle oder Flasche). In 4–5 cm lange Stücke schneiden, einpinseln mit verquirltem Ei, mit grobem Zucker und Mandeln bestreuen. 15 Min. bei 175 °C backen.

Kringle wurde als Krone der dänischen Backkunst angesehen. Im Allgemeinen wurde sie nur auf Bestellung für Weihnachten (Julekringle) oder runden Geburtstag (Fødselsdagskringle) vom Bäcker hergestellt. Heute in einfacher Form (Stang) als Konditorware.

Kringel
Kringle

300 g Mehl, 200 g Butter oder Margarine, 2 Eier, 2 EL Zucker, 50 g Hefe
Füllung: 50 g Butter, 100 g Puderzucker, 50 g gehackte Mandeln
Streu: Hagelzucker und Mandelsplitter

Butter mit Zucker und Eiern, in denen die Hefe gelöst wurde, verrühren, Mehl dazugeben. 20 Min. gehen lassen. Durchkneten und länglich ausrollen. Mit der Füllung aus den vermengten Zutaten bestreichen. 30 Min. gehen lassen, mit Ei pinseln. Perlzucker und Mandelsplitter darüberstreuen.
Backen: 20 Min. bei 225 °C.

Rezept 1 (Herrenhof Byaasgaard, Seeland. Auf der 22. Reise, 2003, erbeten von Marietta Killinger)

600 g Mehl, 400 g Butter, 50 g Zucker, 6 Eier, 30 g Hefe, 1 dl Sahne.
Füllung: 200 g Zucker, 200 g Butter
Creme: 1 Eigelb, 1 EL Zucker, 1 TL Kardamom, gehackte Sukkade, 50 g Rosinen, $2^1/_2$ dl Milch

Butter, Zucker, Ei verrühren, Hefe in Milch lösen und mit dem Mehl dazugeben. Alles verrühren und durchkneten. Den Teig teilen und zu zwei gleichen Stangen ausrollen. Mit der Masse aus Zucker und Butter sowie der Creme belegen. 1 Std. gehen lassen. Mit Ei bepinseln.
Backen: 30 Min. bei 200 °C.

Rezept 2 (Frøken Jensen, 1901)

Abgeleitet vom deutschen „klein“ sind Klejner seit dem Mittelalter bekannt, damals allerdings viel voluminöser als heute. Ihre Bereitung spiegelt die alte Küchentechnik des offenen Herdes ohne Backröhre wider. Sie werden im Topf in gesalzenem Fett ausgebacken. Die einmalige, unverwechselbare Form wird durch Schneiden des ausgerollten Teiges mit dem Kuchenrad in Rhombenstücke erreicht. Durch einen Schlitz in deren Mitte wird das eine Ende hindurchgezogen.

Schleifen
Klejner

750 g Mehl, 250 g (geschmolzene) Butter, 250 g Zucker,
3 EL Sahne, 1 gerieb. Zitronenschale, 1 TL Kardamom,
$^1/_2$ dl Cognac, $^1/_4$ TL Hirschhornsalz
1 l Schmalz oder Öl zum Kochen, 1 TL Salz

Rezept 1 (nach Traditionen des 19. Jahrhundert für 400 Stück!)

250 g Mehl, 100 g geschmolzene Butter, 50 g Kartoffelmehl,
2 Eier, 1 gerieb. Zitronenschale, 1TL Backpulver
500 g Palmin zum Kochen

Rezept 2 (Hausfrauentipps für leichte Handhabung, 1968, ca. 150 Stück)

500 g Mehl, 150 g Butter, 150 g Zucker, 3 EL Sahne, 3 Eier,
1 Prise Salz, 1 Messerspitze Kardamom, gerieb. Zitronenschale, 1 TL Hirschhornsalz oder Backpulver
1 l Palmin oder Öl mit etwas Salz zum Kochen

Rezept 3 (Frøken Jensen, 1901)

Zucker, Butter, Eier und Gewürze verrühren, dann Sahne, Mehl und Backpulver dazugeben. 1 Stunde ruhen lassen. Dünn ausrollen. Mit dem Kuchenrad „Salmis“ schneiden (ca. 8 x 3 cm), Spitze durch einen Längsschlitz ziehen. Fett bei Stufe 2 zum Sieden bringen. Teigstücke mit einem Lochlöffel hineinlegen, mit der Gabel oder Stricknadel herausnehmen. Auf saugendem Papier (Küchenrolle) abtropfen und auskühlen lassen.

Lagkage ist Höhepunkt des klassischen Kindergeburtstages und der dänischen Kaffeetafel, die man mit den „trockenen" Kuchen beginnt, erst Kleingebäck und dann Hefestücke. Heute nimmt man wie bei uns meist fertig gebackene Böden aus dem Supermarkt. Unsere Ambitionen sollten jedoch genügen, auch die Böden selbst zu backen. Der geschmackliche Unterschied ist verblüffend.

Schichttorte
Lagkage

Böden: 500 g Mehl (je 250 g Weizen- und Kartoffelmehl), 250 g Butter (oder Margarine), 250 g Zucker, 8 Eier, 1 TL Hirschhornsalz oder Backpulver, 1 TL Vanillin, 5 Tropfen Zitronenöl
Creme: 2 Eigelb, 50 g Zucker, Vanille-Soßenpulver.
Glasur: Staubzucker und Wasser verrühren.

Butter weich werden lassen, Zucker und Eier einrühren, zuletzt das Hebemittel und Gewürze hinzufügen. Durcharbeiten.
A: Den Teig in eine gefettete und gemehlte Springform geben. Backen 45 Min. bei 165 °C. Oder:
B: Auf 6 Stücken Backpapier, denen ein gleich großer Kreis mit Zirkel oder Teller aufgezeichnet wurde, den Teig dünn aufstreichen. Backen: 10 Min. bei 225 °C.
Bei A: nach Abkühlen aus der Form schneiden. Mit einem scharfen Messer fünfmal horizontal in Scheiben teilen.

Füllung: Prinzip: die festen Schichten unten. 1) Marmelade (Erdbeer, Brombeer oder Himbeer. 2) dünne Creme, z. B. Buttercreme. 3) Obstschicht aus aufgekochten Trockenfrüchten, z. B. Aprikosen. 4) Marmelade. 5) Vanillepudding oder Vanillecreme. Oberster Boden mit Glasur aus Zuckerguss. Alles 3 Stunden kühl ruhen lassen.

Nach Bedarf mit geschlagener Sahne servieren.

Rezept in vielen Variationen selbst erlebt bei Geburtstagen und Kaffegesellschaften, 1955–2011. Jede Familie hat ihre eigenen Lieblingsfüllungen.

Das absolute Muss in jeder Blechdose mit Weihnachts-Kleingebäck, Småkager. Meist nur einmal jährlich in der Vorweihnachtszeit gebacken, auch als Vorrat für das ganze Jahr. Nötig: Fleischwolf oder Kuchenspritze mit Vorsatz

Vanillekränze
Vanillekranse

300 g Butter und/oder Margarine, 240 g Zucker, 500 g Mehl, 1 Ei, Vanillezucker, 1–2 EL Sahne, Salz

Rezept 1 (Marietta Killinger, 2011, seit vielen Jahren bewährt)

500 g Mehl, 375 g Butter, 250 g Zucker, 125 g Mandeln (gemahlen), 1 Ei, 1 Stange Vanille, 1 Messerspitze Hirschhornsalz (entspr. 1 Tüte Backpulver)

Alle Zutaten vermengen, durchkneten, 1 Std. kühl ruhen lassen.
Alte Bereitungsweise: Durch den Fleischwolf mit Sternvorsatz die Teigschlange in Stücken um den Finger ringeln und direkt auf das gefettete Blech legen.
Moderner: Durch eine Teigspritze mit Zackenvorsatz kleine Kränze direkt aufs Blech spritzen.
Ofen auf 180 °C vorwärmen. Backzeit 10–12 Min. Die Kränze müssen hell bleiben!
Abkühlen lassen. Nur kalt in eine Dose legen, mit Pergamentpapier unter dem Deckel zur Feuchteregulierung.

Rezept 2 (Frøken Jensen, 1901)

Dies Weihnachtsgebäck gehörte zu den Gaben an die bettelnden Sänger zu Weihnachten, Neujahr oder Heilige Grei Könige. In der bürgerlichen Weihnachtsstube diente es als Spieleinsatz für das alte Spiel „Gnav". Es konnte auch die Hängetüten oder die Papiernetze am Weihnachtsbaum füllen. „Pfeffer" ist die alte Bezeichnung für exotische Gewürze.

Pfeffernüsse
Pebernødder

250 g Butter/Margarine, 200 g Zucker, 400 g Mehl,
1 EL Sirup, 1 Ei, 2 TL Natron, 1 TL Ingwer, 1 TL Kakao,
1 EL Zimt, $^1/_4$ EL Nelken.
(Ergibt durch Kakao braunes Gebäck. Manche nehmen auch den Teig zu braunen Kuchen.)

Rezept 1 (Marietta Killinger, 2011, seit vielen Jahren genutzt)

500 g Butter/Margarine, 625 g Zucker, 1 kg Mehl, 3 Eier,
1 TL Kardamom, 1 TL Ingwer, 4 TL gerieb. Zitronenschale,
3 TL Hirschhornsalz, 20 Tropfen Zitronenöl

Rezept 2 (Frøken Jensen, 1901)

500 g Margarine, 500 g Zucker, 1 kg Mehl, 2 dl Sahne,
1 TL Backpulver, 2 TL Natron, $^1/_2$ TL Pfeffer, 3 TL Ingwer-Pulver, 3 TL Zimt
Backen: 12 Min. bei 200 °C

Rezept 3 für ca. 400 Stück (Hausfrauentipps 1968)

Alles verrühren und das Mehl einarbeiten. Gut kneten, ruhen lassen. Den Teig zu dünnen Stangen ausrollen. Stücke von ca. 2 cm abschneiden und zu Kugeln rollen. Auf eingefettetes Blech legen, leicht flachdrücken.
10 Min. bei mittlerer Hitze backen

Gråsten, die Sommerresidenz der dänischen Königsfamilie, ist in Deutschland vor allem durch den berühmten Gravensteiner Apfel bekannt, ein Winterapfel von sehr hohem Zuckergehalt, der schon August/September geerntet wird. Die Schlosskirche und der Park Gråsten bieten eine einmalige Atmosphäre.

Gravensteiner Apfelkuchen
Gråstens æblekage

250 g Mehl, 150 g Zucker, 2 EL Vanillezucker, 3 Eigelb, $^3/_4$ dl geschmolzene Margarine
Belag: 3 Eiweiß, 200 g Zucker, 100 g Haselnüsse gehackt, 500 g Gravensteiner Äpfel

Fett und Zucker schaumig rühren, dann Eigelb und das Übrige hinzugeben. Den Teig auf ein gefettetes Backblech geben.
Belag: Eiweiß und Zucker fast steif schlagen. Die geschälten Äpfel in etwa 1 cm großen Würfeln mit Nüssen und Eiweiß vorsichtig mischen. Alles auf dem Teig verteilen.
Backzeit: 45 Min. bei 175 °C.

Rezept: Marietta Killinger, in Gråsten auf der 32. Reise 2009 aufgeschrieben

In Dänemark ist Honigkuchen nicht an Weihnachten gebunden und mit der kleinen Stadt Christiansfeld in Nordschleswig synonym, lange dem einzigen Ort seiner Herstellung, 1773 von den Herrnhuter Brüdergemeine. 1785 wurde „Brødremenighedens Bageri" eine der Manufakturen, die diese strukturschwache Gegend voranbringen sollten. Sichere Abnehmer waren die großen Jahrmärkte von Kolding und Hadersleben. Die typischen Christiansfelder sind meist gefüllt mit Creme oder Konfitüre und mit Schokolade überzogen.

Honigkuchen
Honningkage

500 g Mehl, 250 g Zucker, 500 g Honig, 2 Eier, 10 ml Sahne, $^1/_2$ TL Ingwer, $^1/_2$ TL Zimt, 1 EL gerieb. Pomeranzenschale, 1 TL Hirschhornsalz

Den Honig in einem Topf mit Zucker mischen und zum Siedepunkt bringen, abkühlen lassen. Mehl, Sahne, Eier zufügen, dann Gewürze und Treibmittel. Durchkneten. 24 Std. kühl ruhen lassen.
Backen in einer Kastenform als „Brot" bei niedriger Temperatur, 70–100 °C, 1 Std.

Rezept 1 (angeblich das ursprüngliche)

500 g Sirup, 500 g Zucker, 125 g Margarine, 1200 g Mehl, $^3/_4$ l Buttermilch, 3 TL Natron (in Wasser gelöst), 1 TL Nelkenpulver, 2 TL Zimt, 1 TL Ingwerpulver, 1 EL Kakao, Zitronensaft (evtl. 2 EL Apfelsinenschale gerieben), 200 g Rosinen

Zucker und Sirup verrühren, dann alles Übrige zugeben, durcharbeiten. In hochrandiges Ofenblech füllen.
Backen bei 180 °C (Umluft 170 °C) 1–1$^1/_2$ Std.

Rezept 2 (Marietta Killingers „Bredengrunder". Beliebte Zwischenmahlzeit im Bus auf den 35 Exkursionen nach Dänemark).

Inhalt

Indhold

Die Rezepte sind, wenn nicht anders angegeben, für vier Personen berechnet.
Alle Rezepte und Tipps sind mit Sorgfalt ausgewählt und geprüft.
Eine Haftung des Verlages und seiner Beauftragten für Schäden an Personen, Sach- und Vermögensgegenständen ist ausgeschlossen.

Bibliografische Information der Deutschen Nationalbibliothek

Die Deutsche Nationalbibliothek verzeichnet diese Publikation in der Deutschen Nationalbibliografie; detaillierte bibliografische Daten sind im Internet über http://dnb.dnb.de abrufbar.

Kochstudio: ppfotodesign Frauke Pump, Nordhastedt

2. Auflage 2017

Gesamtherstellung: Husum Druck- und Verlagsgesellschaft
Postfach 1480, D-25804 Husum – www.verlagsgruppe.de

ISBN 978-3-89876-612-8